Léon

Léon Walter Tillage

Léon

Illustrations de Susan L. Roth
Traduit de l'américain
par Alice Ormières et Nadia Butaud

Neuf
l'école des loisirs
11, rue de Sèvres, Paris 6e

Pour Léon Shawn Tillage et Alana Leah Roth

Léon Walter Tillage

Pour Ethal Mae Tillage et Eva T. Laufer

Susan L. Roth

ISBN : 978-2-211-04888-0

Titre original « Léon's Story » (Farrar, Straus, Giroux, New York)
Loi n° 49.956 du 16 juillet 1949 sur les publications
destinées à la jeunesse : mars 1999
Dépôt légal : septembre 2009
Imprimé en France par CPI-Hérissey à Évreux (Eure)
N° d'impression : 112357

Léon

Je m'appelle Léon Walter Tillage. Je suis né le 19 janvier 1936. J'ai huit frères et sœurs et je suis le deuxième. Dans notre enfance, nous habitions près de Fuquay, une petite ville régie par les lois Jim Crow[1], aux abords de Raleigh, la capitale de la Caroline du Nord.

Je me souviens qu'étant petit garçon, je me regardais souvent dans le miroir et je maudissais ce visage noir qui était le mien. Mais à cette époque, on ne nous appelait pas « noir ». On ne parlait pas de « minorité ». On disait « moricaud » ou « nègre ».

1. *Note du traducteur*: lois restrictives et racistes par lesquelles les États du Sud rechignent à faire respecter les droits accordés aux Noirs après la guerre de Sécession (en 1868, une loi sur les droits civiques leur a donné l'égalité avec les Blancs).

Le métayage

On vivait dans une ferme qui appartenait à M. Johnson. Il avait beaucoup d'hectares et il y faisait pousser beaucoup de choses : maïs, tabac, coton, luzerne, blé et parfois même de la canne à sucre. Il y avait surtout du coton et du tabac, car à l'époque c'étaient les récoltes les plus pratiquées.

Mon père était métayer, c'est-à-dire qu'il devait partager la moitié de ce qu'il récoltait avec M. Johnson. En gros, disons que M. Johnson donnait à cultiver à mon père dix arpents de tabac, dix arpents de luzerne, dix arpents de maïs, etc., et que, ensuite, à la fin de l'année, au moment de la vente des récoltes et du règlement des comptes, M. Johnson prenait pour chaque culture le bénéfice de cinq arpents et laissait le reste à mon père.

Cela a peut-être l'air bien comme ça, mais en fait mon père devait en plus payer nos provisions à M. Johnson, et il avait acheté à crédit au magasin du coin la nourriture dont nous avions besoin pour vivre l'année d'avant. Donc, sur sa moitié à lui, mon père devait rembourser ses dettes.

Voyez-vous, M. Johnson avait arrangé tout cela avec le gérant du magasin du coin afin que nous puissions nous y approvisionner. Il était allé au magasin et avait dit: « Cet homme, ou ce garçon, travaille pour moi et je veux qu'il obtienne tout ce dont il a besoin. » On n'avait pas droit à la bière ni à des trucs de ce genre. On avait seulement droit à de la nourriture. Cela donnait une responsabilité à M. Johnson, ainsi, au moment de la paie, il emmenait d'abord mon père au magasin pour qu'il règle sa note. Et si l'ardoise était plus importante que la somme reçue après le partage des récoltes,

M. Johnson se chargeait de la différence. Alors on lui devait encore plus d'argent.

À la fin de l'année, au moment des comptes, M. Johnson apportait nos récoltes au marché. Nous réglions nos dettes. Puis il disait à mon père: «Eh bien! Ivory, tu t'es presque acquitté de toutes tes dettes cette fois. Je crois que l'année prochaine tu t'en sortiras.» Et parce que mon père n'avait pas reçu d'instruction et ne savait pas lire, il prenait pour argent comptant ce que disait M. Johnson. Et parce qu'il n'avait rien d'autre que sa religion et son honnêteté, il ne se posait pas de questions et n'essayait pas d'enfreindre les règles.

C'est pourquoi mon grand-père aussi vivait avec nous sur les terres de M. Johnson. Car une fois que vous êtes installé dans une ferme, vous pouvez travailler toute votre vie sans jamais vous sortir de vos dettes. En général, il ne s'agissait pas de beaucoup d'argent. Lorsqu'on était ce genre de métayer, il n'y avait pas beaucoup d'argent en jeu. Il pouvait s'agir d'une centaine de dollars ou de quelque chose d'approchant, mais ces cent dollars vous en paraissaient mille, de quoi vous river à cette terre jusqu'au bout.

C'est pourquoi, à l'époque, les gens comme nous restaient dans une ferme. Si quelque chose leur arrivait, leurs enfants devaient rester dans cette ferme pour régler leurs dettes. C'était l'usage.

Mon père et le père de mon père, mes oncles et tantes, la plupart des membres de notre famille travaillaient dans ces fermes parce qu'ils n'avaient reçu aucune instruction. Ils ne voyaient pas l'utilité d'en avoir une car, même s'ils en avaient eu une, quel emploi auraient-ils pu obtenir ? Ils ne pouvaient pas travailler dans une banque ni même dans une boutique. Et tout ça à cause de leur couleur. Donc ils ne voyaient pas l'utilité de recevoir une instruction. C'est un des moyens qu'employaient les Blancs pour dominer les Noirs : les priver d'instruction. Ainsi, il ne leur restait plus qu'à travailler dans une ferme. C'était la seule chose pour laquelle mon père et les siens étaient qualifiés.

À la maison

Je me souviens que quand nous travaillions pour M. Johnson, nous habitions une vieille baraque dans les bois, derrière ce que nous appelions la « grande maison ». Il y avait trois ou quatre autres familles dans la ferme et chacune exploitait une partie des terres. Ça ressemblait à une plantation. On ne vivait pas à côté de la route, on vivait derrière la grande maison. La plupart de nos maisons étaient dans les bois.

Nous n'avions pas l'eau courante, ni l'électricité, et la nuit il fallait s'éclairer à la lanterne. Nous n'avions pas de salle de bains, rien que des toilettes à l'extérieur de la maison. Nous avions cinq pièces : une cuisine, un garde-manger où l'on rangeait les casseroles et les poêles, une chambre pour mon père et ma mère, une chambre pour les filles et une chambre pour les garçons. Il y avait un poêle à bois à côté duquel on pouvait poser de l'eau. Quand le poêle chauffait, l'eau chauffait aussi. Parfois nous cuisinions des petites choses dans la cheminée.

Ma mère cuisinait souvent pour les Johnson. Elle leur préparait le dîner. Voilà maintenant quelque chose d'amusant : le jus qui provenait de la cuisson des choux et des pois, et que nous appelions jus-du-pot, les Johnson le donnaient à ma mère. Alors, en arrivant à la maison, elle faisait du pain de maïs, des boulettes de pâte et transformait le jus-du-pot en une soupe. Le plus étonnant, c'était que les

Johnson ne comprenaient pas pourquoi on était bien plus robustes que leurs gosses. Plus tard, nous avons découvert que quand on fait bouillir et qu'on cuisine les légumes verts, les vitamines vont dans le jus. Résultat : on avait le meilleur.

Mes parents étaient très stricts. Nous étions beaucoup de garçons dans la famille et tout le monde sait comment sont les garçons : ils se chamaillent. Mais mes parents ne toléraient pas de bagarres entre leurs enfants. Un autre truc sur lequel ils étaient très stricts : le respect. Ce n'était pas une question de personne ou de couleur, on disait toujours : « Oui, madame » ou : « Oui, monsieur. »

Ma famille était très unie. Mes parents étaient profondément religieux et je me rappelle qu'avant d'aller au lit nous nous réunissions et que, agenouillés, il nous fallait dire nos prières. Avant de manger, nous devions dire le bénédicité. Pas question de s'asseoir et de manger sans avoir béni son repas.

Nous allions à l'église tous les dimanches. La plupart du temps nos parents emportaient de quoi manger, si bien que nous y passions presque toute la journée. Mes parents nous installaient à déjeuner sur la pelouse. Tout le monde participait, il fallait juste s'asseoir, manger et passer un bon moment. Les gosses couraient et jouaient. Ensuite, après le déjeuner, le révérend nous rappelait dans l'église, il reprenait sa prière et nous devions rester là.

Quand j'étais petit, ma grand-mère, la mère de ma mère, avait dans les quatre-vingts ans. Je la revois, assise sur une chaise, nous parlant de sa mère. Elle se rappelait le temps où elle était petite fille, elle se souvenait de l'esclavage. Sa mère à elle était une esclave. Elle nous parlait souvent de cuisine, de nettoyage, de la façon dont elle faisait la lessive, bref des travaux quotidiens à la ferme. Enfant, elle aussi avait quelques corvées : aller chercher des œufs dans le poulailler ou des trucs comme ça. Nous n'avions ni la télévision ni la radio et c'était là un de nos moments de loisir : s'asseoir autour du feu après dîner et écouter nos aînés, grand-père et grand-mère.

À l'époque, Noël aussi rassemblait les gens. Mais nous ne restions pas seulement entre nous, les Blancs et les Noirs se retrouvaient. On pouvait aller chez les Blancs et ils nous donnaient des trucs. C'était le temps des cadeaux et des réjouissances. Nous, les mômes, nous l'attendions avec beaucoup d'impatience.

Le jour de Noël était un jour pieux : ce jour-là, on allait à l'église. C'était la veille et le lendemain qu'on s'amusait. Mais le jour de Noël, nous étions à l'église quasiment toute la journée. Ensuite, pendant la nuit, le père Noël venait. Il nous apportait un petit jouet. Je recevais toujours un harmonica, un petit harmonica bon marché. Mes frères et sœurs recevaient des petites poupées, des poupées de chiffon, des trucs pas chers. Mais à nos yeux, c'étaient des cadeaux précieux car nous n'avions pas de jouets.

Nous nous couchions tôt ce soir-là et nous nous levions avant le jour. Sous l'arbre de Noël, il y avait nos cadeaux, des fruits et d'autres choses comme ça dans des boîtes à chaussures. Alors nous étions les enfants les plus heureux du monde. Je me souviens que certains gamins ne recevaient rien. Ils se mettaient à nous tourner autour parce qu'ils voulaient jouer avec nos jouets. Alors nos parents nous les faisaient ranger en leur présence car, parfois, les enfants qui n'ont rien peuvent casser des jouets par jalousie.

Les deux choses qui rassemblaient tout le monde, Blancs et Noirs, c'était Noël ou un décès dans une famille. Si quelqu'un mourait, les gens venaient dans la maison de sa famille et veillaient toute la nuit, pendant deux ou trois jours. Vous auriez été surpris du nombre de Blancs qui venaient et apportaient de la nourriture, et même des vêtements. Et cela marchait dans l'autre sens aussi : si un Blanc mourait, nous faisions la même chose. C'était la coutume. Cela montre que parfois les gens se réunissaient.

Rendre service

Tout le monde avait quelque chose à faire à la ferme, les garçons comme les filles, et après l'école nous avions aussi des tâches à remplir. Pendant l'été, je partais tôt le matin avec mon père pour travailler à la ferme. Nous n'étions pas payés, mais en échange du coup de main que nous donnions à mon père, nous recevions du tabac ou des trucs comme ça. Par contre si l'on faisait quelque chose à la ferme pour M. Johnson, il nous donnait environ soixante-quinze cents et nous étions très heureux. Il disait : « Je veux que les garçons arrachent les mauvaises herbes » ou : « Je veux que les garçons fassent ceci pour moi. » Nous aimions le faire. C'était la seule façon d'obtenir un peu d'argent et alors on pouvait aller au ciné ou descendre en ville pour acheter des sodas. Mais mon père, lui, ce pauvre bougre, ne pouvait rien nous donner en récompense de notre coup de main. Vous savez, déjà qu'il nous élevait et s'occupait de nous !

En ce temps-là, l'école se terminait vers deux heures de l'après-midi. Nous filions directement à la maison car nous avions des choses à faire. Il nous fallait aller couper du bois et puiser de l'eau pour la nuit. Personne ne nous disait de faire tout cela, on le faisait c'est tout. Même quand nous devions aller aider à égrener le maïs, nous rentrions toujours à temps pour nous occuper du bois, car à l'époque on le brûlait dans la cheminée et dans le poêle. Finalement nous n'avions pas le temps de nous disputer. Nous avions des corvées, des trucs à faire à chaque instant, ce qui ne nous laissait pas beaucoup de temps libre.

En été, mon père récoltait le tabac. Il accrochait la mule à la charrue et nous marchions derrière lui avec un bâton. S'il arrivait à mon père de jeter accidentellement des saletés sur le tabac, nous étions là pour donner un petit coup dessus avec notre bâton. Donc nous marchions derrière la charrue pour protéger le tabac.

Alors que nous travaillions dans la chaleur de l'été, nous nous demandions pourquoi les gosses de M. Johnson, eux, ne travaillaient jamais. Ses enfants avaient à peu près notre âge, peut-être un peu plus. Ils restaient sous le pacanier à boire de la limonade pendant que tous les autres gamins travaillaient en plein soleil. Et nous, on ne comprenait pas pourquoi on travaillait tout le temps alors qu'on n'avait rien à la fin de l'année. Mon père ne pouvait même pas nous acheter des habits décents ni rien de tout cela. M. Johnson lui avançait cent dollars pour nous acheter des habits mais bien sûr cela signifiait que la dette de l'année suivante augmentait d'autant. Mon père n'y pouvait rien.

Nous, les mômes, nous voulions savoir

pourquoi il nous fallait vivre dans une vieille maison délabrée, pourquoi nous gardions toujours nos vieilles chaussures, pourquoi nous ne pouvions pas avoir une jolie voiture comme celle de M. Johnson. Une fois, en allant chez lui, j'ai vu la chambre de son fils Harold. Harold avait mon âge. J'ai regardé tous ces beaux meubles et vu à quel point tout était beau dans cette maison. Je n'arrivais pas à comprendre pourquoi nous n'avions aucune de ces belles choses. Nous savions que quelque part quelque chose clochait mais nous n'imaginions même pas pouvoir y changer quoi que ce soit. Pourquoi en Amérique devions-nous être moins que les autres? À cette question mes parents répondaient: «Eh bien! ç'a été voulu comme ça. C'est comme ça que ça doit être. Vous n'obtiendrez jamais d'être les égaux des Blancs.»

L'attitude de nos parents était différente à cette époque. Si mon fils aujourd'hui me posait une question, j'essaierais de lui expliquer les choses de mon mieux, mais, en ce temps-là, on ne posait pas de questions à ses parents. Ils étaient très stricts et ne vous donnaient qu'une réponse très rapide, voilà tout. Ça ne nous embêtait pas particulièrement, seulement on ne leur posait plus de questions, c'était comme ça.

À l'école

J'ai commencé l'école à six ans. On allait à l'école quand on pouvait parce qu'on avait des choses à faire à la maison avant de partir le matin. Au printemps, on n'y allait pas trop souvent car il fallait aider à prendre soin des semences. L'instruction signifiait peu aux yeux de mon père ; lui, comme ses semblables, considérait que, comme nous étions de couleur, tout ce qu'il nous fallait apprendre, c'était à lire notre nom, à l'écrire et des trucs comme ça. Alors pourquoi aller inutilement à l'école ? De toute façon, nous n'obtiendrions jamais un boulot dans une banque, ni dans un drugstore. C'était donc une perte de temps selon lui. L'opinion de ma mère était légèrement différente. Elle voulait que nous sachions lire. Mon frère James et moi lui avons appris à lire et à écrire. Nous avons finalement appris à mon père à écrire son nom, à signer des papiers, mais il ne montrait toujours aucun intérêt pour l'instruction. Bien sûr, il aimait nous entendre lire. Nous lui lisions la Bible ou d'autres choses.

En grandissant, je me suis un peu instruit et j'ai pu un peu améliorer mon sort parce que je savais lire et écrire. Plus tard, dans les différents endroits où j'ai travaillé, dès qu'on apprenait que je savais lire et écrire, on me donnait un peu plus de responsabilités. Par exemple, au lieu de me faire décharger les camions, on me donnait un cahier où noter la nature et la quantité des livraisons. Cela impliquait que je pouvais obtenir un emploi un peu plus qualifié.

Ma première école s'appelait « Providence ». C'était un grand bâtiment dont les murs intérieurs avaient été abattus pour qu'il n'y ait plus que trois pièces. Il n'y avait qu'un seul niveau. On allait juste à l'école pour apprendre le nécessaire : l'alphabet et les tables de multiplication. On lisait, aussi. L'école des

Blancs nous avait donné quelques livres, que des livres de lecture. Quand on était petit, on recevait ce genre d'instruction.

Ma première institutrice fut ma cousine, elle avait été au lycée à New York, mais elle était revenue dans le Sud et avait été engagée pour enseigner à Providence. En fait, elle n'avait pas fait d'études supérieures. De toute façon, elle ne nous apprenait que les bases : savoir épeler son nom, les tables de multiplication et, en gros, savoir lire. Plus tard, quand nous étions au lycée à Fuquay, là, les professeurs venaient de l'université Shaw de Raleigh.

Nous vivions à environ sept kilomètres de l'école de Providence. On y allait tous les jours à pied. Certains gosses habitaient encore plus loin que nous et, eux aussi, devaient venir à pied. Les enfants blancs avaient un bus scolaire. Quand nous avions école le matin, nous devions d'abord sortir dans l'air glacé pour aller couper du bois. Nous ramenions, ensuite, les bûches dans l'école pour allumer un feu dans le vieux poêle, gros et ventru. Puis nous devions ressortir pour tirer de l'eau au puits. Il fallait aussi mettre des morceaux de carton sur quelques-unes des fenêtres car, la plupart du temps, les vitres étaient cassées. Ma mère et les autres mères nous donnaient une boîte de haricots ou de pommes de terre, car nous déjeunions sur place. La maîtresse avait une énorme marmite qu'elle posait sur le poêle ventru et dans laquelle elle mélangeait toutes nos provisions. À mon grand étonnement, parfois, certains enfants ne pouvaient rien apporter, mais les institutrices s'arrangeaient toujours pour que tout le monde puisse manger. Souvent, et cela vous montre la cruauté des enfants, nous tourmentions ces mômes qui n'avaient rien apporté. Plus d'une fois, je l'ai regretté. Au fond, il s'agissait toujours des mêmes gosses qui, pour la plupart, venaient de familles nombreuses. Certaines personnes avaient dix, onze, douze, quatorze enfants et leur vie était vraiment difficile.

Nous apportions nos propres gamelles et

cuillères que nous laissions à l'école. Nous avions l'habitude de stocker des pêches dans ces gamelles qui étaient de bonne taille et que tout le monde utilisait. Quand nous avions fini de manger, nous remplissions un pot d'eau, le mettions sur le poêle et quand l'eau était chaude, nous lavions nos gamelles. Chaque enfant nettoyait ses propres affaires et l'institutrice vérifiait tout.

Nous déjeunions ainsi, parce qu'à l'école nous n'avions ni cuisine ni rien de ce genre. Les enfants blancs, eux, avaient tout cela. Leur école était une grande et belle bâtisse. Leur chauffage marchait à la vapeur. Ils avaient une cantine, un bus scolaire, enfin tout ce dont ils avaient besoin.

Quand nous quittions l'école pour rentrer chez nous, nous guettions derrière nous le passage du bus scolaire des enfants blancs. Chaque fois qu'on voyait le bus arriver, on déguerpissait, cherchant un endroit où se cacher. Si le chauffeur arrêtait le bus à notre niveau, on savait qu'on allait avoir de sacrés ennuis. Les enfants les plus grands descendaient et se mettaient à nous insulter. Ils ramassaient des pierres et nous les jetaient. Les gosses noirs les plus costauds faisaient diversion et prenaient les coups pour protéger les petits. On protégeait sa petite sœur ou son petit frère ou n'importe quel petit môme. Ça n'avait pas d'importance qu'on soit parents ou non, on ne voulait pas qu'ils soient blessés. Les enfants blancs se moquaient bien de savoir qui ils touchaient du moment qu'ils touchaient quelqu'un. Alors quand ils jetaient des pierres, nous nous mettions à crier, à brailler et à les supplier d'arrêter. Ils aimaient ça et, la plupart du temps, ils finissaient par se calmer. Tant qu'ils frappaient quelqu'un, ils étaient contents, et on les entendait se vanter, en disant : « Hé, t'as vu comment je l'ai eu celui-là ! Mon vieux, j'l'ai bien eu ! » Puis ils se pressaient pour remonter dans le bus et repartaient.

Mais je me souviens aussi d'un homme

blanc nommé M. Clark. Il avait un grand cheval blanc et, parfois, il venait à la sortie de l'école, et lui et son cheval faisaient le chemin avec nous. Quand il voyait le bus arriver, il nous disait : « Ne courez pas, ne courez pas. Ils ne vous feront rien. » C'était un homme bon et pieux. Il avait raison : quand il était là, les enfants ne nous embêtaient pas.

De temps en temps, quand nous étions blessés, nous courions chez lui. Nous étions pleins de bosses et en sang. Sa femme venait nous aider. Elle s'appelait Miss Janie. Elle nous disait : « C'est une honte ! Ils ne devraient pas s'attaquer aux petits comme ça. » Elle nous réconfortait. Parfois elle nous donnait des gâteaux ou des trucs comme ça.

Je crois que la plupart des Noirs du voisinage aimaient les Clark. Ils nous traitaient comme des êtres humains. Quand on faisait un petit boulot pour eux, elle préparait le repas et on mangeait à leur table, chose inhabituelle à l'époque. Vous savez, on avait l'habitude de manger dehors, sous les arbres, mais elle, elle nous invitait dans sa maison. Je me souviens que M. Clark s'asseyait en bout de table et disait une prière. Alors on s'asseyait pour manger. Quand on avait fini, on se levait et on retournait travailler.

En fait, les enfants blancs ne nous embêtaient pas tous les jours. Parfois ils ne faisaient que passer en nous insultant et continuaient leur route. Parfois le chauffeur ne faisait que nous effrayer. Il arrêtait le bus et reculait. En voyant les feux rouges approcher, nous nous mettions à courir et eux trouvaient ça drôle, tout à fait comique. Mais cela n'arrivait pas chaque fois.

Les Blancs apprenaient à leurs enfants que les Noirs n'avaient pas de sentiments, qu'ils n'avaient pas d'âme. Ce qu'on leur faisait n'avait donc pas d'importance : on pouvait les frapper ou pire, sans jamais pouvoir réussir à leur faire mal. Voilà pourquoi ils nous traitaient comme ça : ils croyaient ce qu'on leur avait dit.

Plus tard, nous avons eu un bus pour aller au lycée de Fuquay. C'était un vrai progrès. Nous étions très heureux parce qu'on nous avait construit une nouvelle école et les enseignants venaient de Raleigh. Nous avions de bons livres et le chauffage à vapeur. Plus besoin d'aller couper des bûches dans le bois. Il y avait une cafétéria où l'on pouvait manger pour quinze cents. Mais ces quinze cents nous semblaient quinze dollars! Parfois M. Johnson nous donnait de l'argent pour déjeuner, quand on passait devant chez lui le matin pour aller prendre le bus. Il sortait de la maison et nous demandait si nous avions de l'argent pour déjeuner. Nous lui répondions oui ou non et comme j'étais le plus âgé, c'est à moi qu'il donnait son dollar. Je payais le déjeuner de tous mes frères et sœurs. Nous étions très fiers de notre école. Il y avait même un gardien qui s'occupait de la chaudière et faisait des petits boulots ici et là dans l'école.

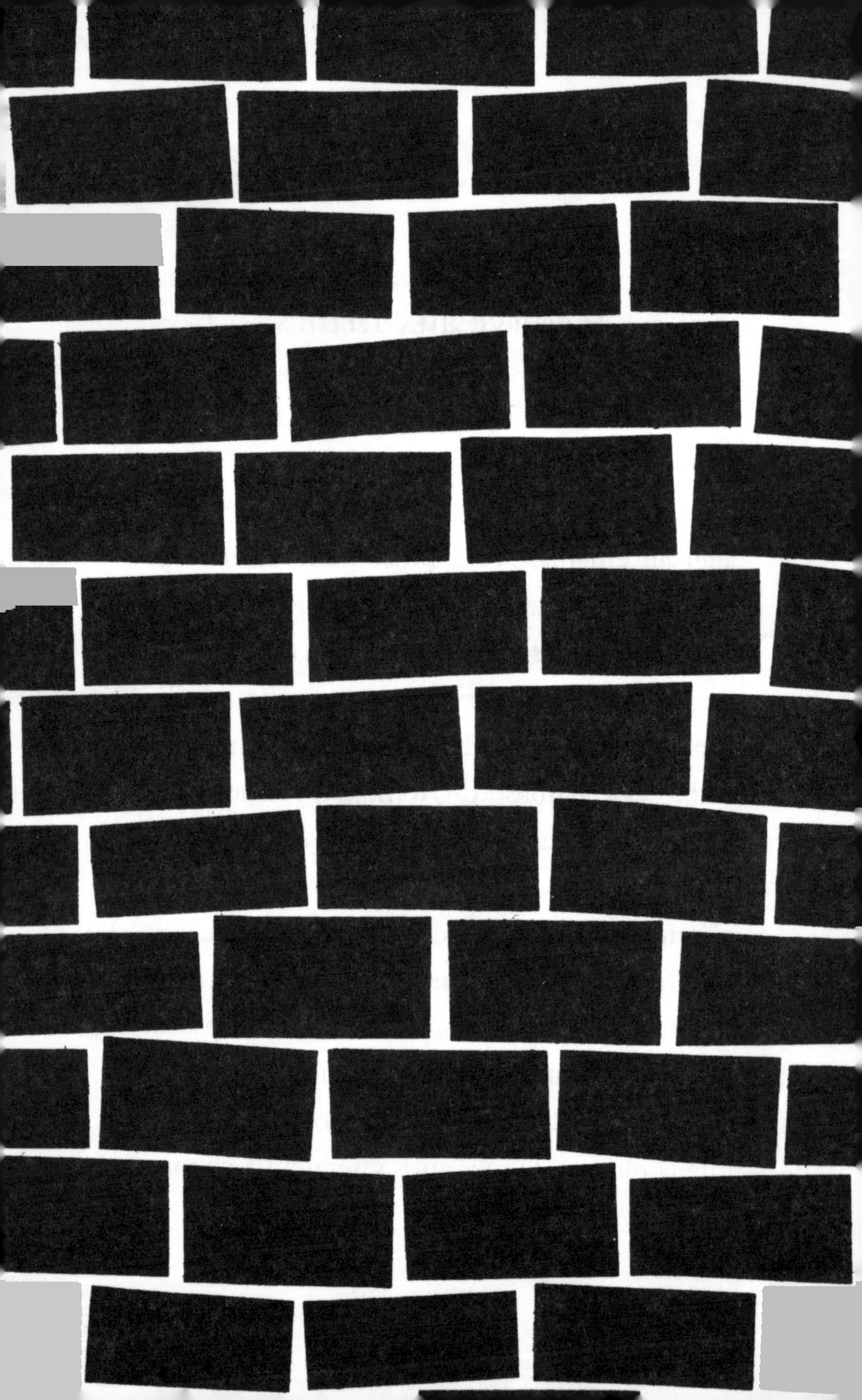

Réservé aux Blancs

Certains samedis soir nous allions au ciné de notre petite ville car à l'époque nous n'avions pas la télévision, ni même l'électricité. Alors aller au cinéma c'était notre grande sortie. Je me souviens que mon père et moi nous étions allés voir *Autant en emporte le vent*, mais je crois que c'est la seule et unique fois que nous y sommes allés ensemble. Il aimait bien Clark Gable. La plupart du temps, j'y allais avec mes amis. Nous aimions aller au ciné pour les westerns. Il y avait Gene Autry, Roy Rogers, c'étaient nos héros en ce temps-là.

Quand on faisait une bêtise, mon père nous disait: « Si tu ne te calmes pas, tu n'iras pas au cinéma. » J'aurais préféré qu'il me file un coup de ceinture au lieu de me menacer ainsi, parce que la plupart de mes amis y seraient à ce moment-là. Aller au cinéma, quelle grande affaire pour nous !

L'entrée était à quinze cents et l'on trouvait du pop-corn, du soda et des sucres d'orge à cinq cents. Nous devions nous asseoir au balcon. Les Blancs s'asseyaient en bas dans des fauteuils qui avaient l'air bien confortables. Parfois, nous devions nous asseoir sur des caisses de Coca-Cola car il n'y avait plus assez de chaises.

Pendant l'entracte, nous nous levions d'un bond et courions à l'arrière du bâtiment. Là il y avait quelques marches qui menaient dehors et sur lesquelles nous nous asseyions jusqu'à ce que les lumières s'éteignent à nouveau et que le film recommence. Parce que pendant l'entracte, les gosses blancs balançaient du pop-corn ou des trucs dans ce goût-là vers le balcon, et on ne voulait pas s'en recevoir. Parfois le fils du propriétaire restait en bas, là où il y avait une balustrade qui lui arrivait à la taille, et si quelqu'un lançait des trucs vers le balcon, il le fichait dehors. Mais la plupart du temps, il n'était pas là. Quand il fallait partir, on avait l'habitude de rester à l'intérieur du cinéma, à côté de l'entrée. Nous attendions là que les gosses blancs soient partis. Car si nous sortions alors qu'ils étaient encore là, on se faisait avoir. Tous ne faisaient pas ça, seuls quelques trouble-fête s'amusaient ainsi. Ils se cachaient derrière l'immeuble et quand on sortait ils nous pourchassaient. En fait, les quartiers noirs n'étaient pas trop éloignés, ils se trouvaient juste après la voie ferrée. Mais si les Blancs, en nous poursuivant, nous attrapaient avant que nous ayons atteint cette voie ferrée, alors ils nous donnaient des coups de bâton.

*

* *

Vers l'âge de seize ans, j'ai commencé à gagner mon propre argent en travaillant dans les fermes alentour. Cet argent me servait pour mes sorties et pour acheter mes habits d'école.

On travaillait une demi-journée le samedi. Ensuite le gars nous payait et la première chose qu'on faisait était d'aller s'acheter un pantalon, une paire de chaussures ou autre chose, mais ça ne nous arrivait pas toutes les semaines. On ne gagnait pas grand-chose mais on pouvait trouver un pantalon pour moins de deux dollars.

Nous allions dans un grand magasin de Raleigh et comme d'habitude nous devions passer par la porte de derrière sur laquelle était inscrit « NOIRS ». Quand je voyais un pantalon dont j'avais envie, j'allais jusqu'au rayon où il se trouvait et restais là à regarder les pantalons. Dès que quelqu'un se décidait à venir vers moi, je lui adressais un petit sourire et lui disais : « Je voudrais acheter ce pantalon, s'il vous plaît, monsieur ou madame. » Si, alors que j'attendais un vendeur, une personne blanche arrivait, je reculais d'un pas et attendais en souriant. Cette personne examinait les vêtements et, moi, je n'avais plus qu'à attendre. Alors finalement l'employé du magasin s'approchait de la personne blanche et lui demandait : « Est-ce qu'il vous dérange ? Cela vous ennuie-t-il qu'il reste là ? Voulez-vous que je le mette dehors ? » Si la personne était gentille elle répondait : « Non, il ne m'embête pas. Tout va bien. » Mais si elle disait : « Oui, je ne veux pas qu'il reste là à me regarder », alors le vendeur me demandait forcément de sortir. C'est comme ça que ça se passait. On ne pouvait pas essayer les vêtements dont on avait envie. On connaissait en gros sa taille. Un endroit faisait exception, c'était un magasin juif près de chez moi où on nous laissait essayer les chaussures. Mais c'était vraiment le seul endroit comme ça.

Il y avait aussi un bazar où on trouvait des objets de pacotille : comme des boucles d'oreilles ou d'autres babioles pour les femmes, des ceinturons et des épingles à cravate pour les hommes. Mais ils avaient un grand comptoir qui faisait toute la longueur du magasin avec des places destinées aux Blancs qui voulaient s'asseoir et manger. Une longue corde marquait l'endroit et on pouvait lire: «RÉSERVÉ AUX BLANCS». En vérité, on ne comprenait pas pourquoi ils avaient mis ça là, car, de toute façon, aucun Noir n'aurait essayé de s'asseoir sur ces tabourets. Mais quand il faisait chaud dehors, je marchais lentement le long de la corde, à la recherche d'un garçon d'à peu près mon âge. Je le regardais en souriant et s'il me rendait mon sourire, je lui murmurais: «Achète-moi un soda.» Il se levait puis s'approchait de la corde et je lui donnais l'argent. En revenant, il me donnait mon soda, je le remerciais et sortais du magasin aussi vite que possible parce que quand on prenait un soda à l'intérieur, on avait des ennuis. Ma mère et les autres mères pensaient que nous étions timbrés, voyez-vous, ils ne comprenaient pas qu'on veuille lutter à notre façon contre le système. Eux ils restaient à leur place, c'est pourquoi rien ne leur arrivait. Mais pour nous, lutter c'était un défi. En fait, on pouvait acheter du soda partout, dans la rue il y avait des charrettes à bras qui en vendaient. Mais ce n'était pas la même chose que ce soda que nous achetions là où nous n'en avions pas le droit. Le goût de ce soda n'était pas différent d'un autre, ce qui nous importait c'était l'endroit d'où il venait.

À l'époque il y avait le long des routes ce qu'on appelait des Tastee-Freez. Il y avait là aussi un panneau «RÉSERVÉ AUX BLANCS» et un autre «NOIRS», avec une flèche désignant l'arrière du bâtiment. On y allait et, là, il y avait une fenêtre. En fait, quand on allait derrière, on attendait. Il ne fallait pas frapper à la fenêtre ni crier après le gars pour qu'il vienne nous servir. On devait seulement attendre. Le gars nous voyait. Parfois, il ne faisait rien, il lisait un journal. Mais nous devions rester là jusqu'à ce qu'il se sente d'humeur à nous servir. Quand il me servait, la première chose qu'il disait était: «Qu'est-ce que tu veux?» Et moi, si je portais un chapeau je l'enlevais et avec mon plus beau sourire je lui répondais: «J'aimerais un hot-dog, s'il vous plaît, monsieur.» Alors, il allait me le chercher mais pas avant que j'aie mis ma monnaie sur le rebord de la fenêtre, afin qu'il n'ait pas à me toucher quand je le paierais. Alors il prenait l'argent et, s'il en avait envie, allait me chercher mon hot-dog. Sinon il me laissait là et je n'avais plus qu'à m'en aller.

Je me rappelle qu'à la station de bus, il y avait aussi un panneau pour les Noirs, avec une flèche qui pointait vers l'arrière du bâtiment. C'était là qu'on allait et qu'on s'asseyait. Parfois des soldats venaient – des Blancs – et s'ils étaient bagarreurs, ils sortaient de la partie réservée aux Blancs pour venir dans celle des Noirs. Là, ils buvaient de la bière et, ivres, ils sautaient sur les sièges et faisaient les idiots. Personne ne pouvait rien faire. La plupart des Noirs, surtout les plus âgés, se levaient et sortaient, mais personne n'aurait cherché à ennuyer les soldats ou même à leur dire quoi que ce soit.

Les hommes du Klan

À cette époque, les Noirs n'avaient pas droit à la parole. Il leur était impossible de poursuivre un homme blanc en justice. Nous ne pouvions pas voter, nous n'étions même pas considérés comme des citoyens. Nous avions peur de certains hommes blancs à cause du Ku Klux Klan. Nous n'avions pas peur de tous les hommes blancs, seulement de certains; parce que les hommes du Klan étaient vraiment des gens très dangereux. Ils pouvaient vous blesser ou vous tuer sans aucune raison et on ne pouvait rien faire contre cela. J'avais peur de marcher sur la route la nuit, à cause des hommes du Klan. Il n'y avait aucun revêtement sur les routes en ce temps-là. Quand je marchais le long d'une route la nuit, je passais mon temps à me retourner. Quand une voiture arrivait, je sautais immédiatement vers le remblai pour me cacher dans le fossé. Ou bien, quand c'était un endroit avec des arbres, je me mettais à courir vers les bois, m'allongeais à même le sol puis restais là silencieux. Car s'ils m'avaient attrapé, ils m'auraient battu et blessé. Cela les amusait. Ils trouvaient ça drôle.

S'ils nous voyaient alors qu'on était cachés, ils nous criaient dessus et essayaient de nous attirer vers leur voiture en disant qu'ils ne nous embêteraient pas. Ou bien, ils claquaient la portière de la voiture, comme s'ils partaient, et puis ils démarraient en laissant deux ou trois d'entre eux sur place. Alors quand on sortait des buissons, ils nous sautaient dessus et nous frappaient. La nuit nous marchions le long de la voie ferrée ou passions par le chemin à travers les bois et les champs, pour ne pas être à découvert. Si on restait à découvert, on le regrettait vraiment.

Parfois les hommes du Klan étaient à cheval ou à pied. Ils transportaient une croix avec eux. Ils la brûlaient dans les champs des gens. Quand nous allions à la ville de Fuquay, la nouvelle circulait parfois qu'il valait mieux faire attention ce soir car les hommes du Klan étaient de sortie. Nous ne savions pas dans quelle maison ils allaient venir ni ce qu'ils comptaient faire. Mais nous savions que ce soir les hommes du Klan allaient se montrer.

Parfois M. Johnson disait à mon père, un samedi soir par exemple : « Vous feriez bien de rester chez vous ce soir. Il vaudrait mieux que vous soyez sur vos gardes. J'ai entendu dire que les hommes du Klan étaient de sortie. » En fait, c'était un brave homme et il avait sans doute dit aux hommes du Klan : « Foutez-leur juste la frousse. » Les Blancs, ils voulaient nous garder chez eux pour qu'on ne se rassemble pas. Et si vous aviez fait du tort à des Blancs vous n'étiez plus protégé par personne et les hommes du Klan pouvaient vous frapper. En fait, si on faisait ce que l'on était supposé faire, rester à sa place, être un gentil garçon, il n'y avait aucun problème. Ils ne feraient que passer à cheval pour que vous sachiez qu'ils étaient encore là et vous effrayer.

Ces nuits-là, mon père montait sur le toit de la maison à l'aide d'une échelle et s'asseyait à côté de la cheminée. Et moi je grimpais aussi pour lui apporter du café. Parfois mon grand-père sortait s'asseoir avec lui. Ils guettaient les hommes du Klan. Quand ils arrivaient, mon père tapait trois coups sur le toit. Personne n'était couché excepté les plus petits. Nous montions nous asseoir, les lumières éteintes, pour attendre et voir si les hommes du Klan venaient. S'ils venaient, nous partions, mon père, ma mère, mon grand-père et nous, les enfants. Tout le monde avait une cachette parce que de toute manière nous vivions au milieu des bois. On se cachait jusqu'au départ des hommes du Klan.

C'était notre vie, ça ne se discutait même pas. Nos parents étaient très religieux et ils étaient convaincus que Dieu prenait soin d'eux. Ils n'en voulaient pas aux Blancs, ils disaient: «Dieu les punira.» Et s'il arrivait quelque chose à un Blanc, ils disaient: «Vous voyez?»

Ils ne croyaient pas aux marches ni à ce genre de choses. Ils pensaient que Moïse emmènerait les Noirs loin de l'esclavage comme il l'avait fait pour les Juifs. N'oubliez pas qu'il s'agissait de gens qui n'avaient pas reçu d'instruction, et qui étaient très religieux. La seule chose en quoi ils pouvaient croire, c'était en Dieu, ils priaient pour tout. Heureusement qu'ils avaient cela pour les soutenir.

Souvent les gens m'ont demandé pourquoi nous n'appelions pas la police. Nous avions peur de la police parce que de nombreux policiers étaient membres du Ku Klux Klan.

À cette époque, on ne les appelait pas policiers, on les appelait shérif, ou M. l'agent. Il y avait un inspecteur qui avait été boxeur amateur. Quand il mettait un Noir sous les verrous, il enfilait ses gants et s'entraînait sur lui. Alors il y a eu ce garçon qui s'appelait Scott. L'inspecteur a mis ses gants, il a frappé le garçon, et il l'a tué. Quand le frère de Scott est venu pour prendre de ses nouvelles et essayer de le sortir de là, il a appris que son frère était mort. Alors il est allé voir l'inspecteur pour savoir ce qui s'était passé, et l'inspecteur l'a tué à son tour. Deux frères, la même nuit. Jamais, non, jamais, il n'y a eu d'enquête, ni quoi que ce soit. Cet homme avait tabassé des gens, leur avait brisé les dents, avait tué, et rien n'a jamais été fait contre lui, jamais. Pas d'enquête. Rien.

Mes quinze ans

Quand j'ai eu quatorze ans environ, nous avons fini par nous acquitter de notre dette envers M. Johnson et nous avons quitté sa ferme pour celle de M. Tompkins. Nous avons loué une maison. M. Tompkins était un Noir qui avait hérité cette terre de son père ou de quelqu'un d'autre. Ce n'était pas une ferme immense comme celle de M. Johnson, une ferme avec des acres et des acres de terres. Je crois qu'il avait quelque chose comme vingt-cinq ou trente acres. Mais à l'époque c'était vraiment incroyable pour un Noir.

On n'était pas métayers sur la ferme de M. Tompkins, c'était pas assez grand. On travaillait juste pour lui et il nous payait.

Au bout d'un certain temps, mon père a

décidé que nous devions revenir chez les Johnson, que ça serait mieux pour nous. Mais, juste avant qu'on s'en aille, mon père a été tué.

Pour fêter mon quinzième anniversaire, mon père et ma mère sont partis à Fuquay m'acheter un petit cadeau, comme chaque année. Des garçons blancs sont passés en voiture devant notre maison. Ils hurlaient et braillaient. Ils étaient complètement ivres. Nous, les gosses, on voyait marcher nos parents. Je me souviens de ce qui s'est passé avant que la voiture n'atteigne mon père. Je me souviens que mon père et ma mère se sont mis soudain à courir. Ils essayaient d'arriver à la maison la plus proche et couraient à toutes jambes. Je me souviens de mon père au moment où la voiture s'approchait de lui. Je me souviens de mon père poussant ma mère vers le bas-côté. J'ai tout vu. À cet instant la voiture le heurta. Sous le choc, il tomba. Ensuite, la voiture avança jusqu'à l'allée d'après et fit demi-tour. Je regardais mon père qui essayait de se relever mais, à l'évidence, sa hanche ou sa jambe était cassée, l'une ou l'autre ou bien les deux, car ils l'avaient heurté de côté. Il n'arrivait pas à se mettre debout. La voiture revint et arriva à la hauteur de mon père. Ils écrasèrent mon père comme un chien. Il fut pris sous la voiture et traîné presque jusqu'à chez nous. Mes frères, mes sœurs et moi, nous regardions. Les Blancs sortirent d'un bond de la voiture et se penchèrent dessous. Ils virent mon père. Ils l'extirpèrent puis grimpèrent dans la voiture et démarrèrent, en le laissant là.

Nous sommes sortis devant la maison et ils nous ont lancé des canettes de bière en nous insultant. Nous nous sommes précipités vers l'endroit où se trouvait notre père.

Je fus le premier à ses côtés, mais il était déjà mort. Il était dans un sale état, il avait un grand trou dans la tête. Il était mort. Je cherchai des yeux ma mère. Elle était sous le choc. Elle ne savait pas ce qui s'était passé.

Le lendemain matin, le garçon, le conducteur de la voiture, et son père vinrent chez nous. Nous savions qui ils étaient. Ils avaient une grande ferme et ils faisaient partie d'une famille très respectée. Ils vendaient des emplacements de parking. Ils étaient riches. Ce garçon et son père vinrent voir ma mère qui était au lit car elle avait été gravement blessée. L'homme dit à ma mère : « Eh bien je suis désolé de ce qui s'est passé, mais vous savez comment sont les garçons. Ma femme m'a dit de vous donner cent dollars. J'hésite. Cent dollars c'est beaucoup d'argent. Mais elle m'a dit de vous les donner pour vous aider à payer les frais d'enterrement. » Ensuite, il se tourna vers son fils et dit : « Dis-lui que tu es désolé. Dis-lui que tu es désolé d'avoir écrasé son mari. » Mais le garçon ne répondit rien. Il tourna les talons et sortit de la maison. Alors le père dit : « Eh bien ! je m'excuse pour lui. Je suis navré. J'espère que vous vous en sortirez sans votre mari. Il vous faudra bien admettre que ce sont des choses qui arrivent. »

Rien d'autre ne fut fait à la suite de cette histoire. Le shérif ne vint jamais nous voir, personne n'a enquêté, rien. Ils n'ont rien fait et nous n'en n'avons plus jamais entendu parler.

Mais ce n'était pas la première fois que des choses de ce genre arrivaient. Je veux dire que des gens avaient déjà été écrasés, renversés ou estropiés par des voitures et personne n'avait rien fait. Plus tard, ma mère alla au tribunal de Raleigh, mais là-bas non plus personne ne fit rien. L'affaire n'aboutit pas. Elle eut un avocat commis d'office car elle n'avait pas l'argent pour s'en payer un. Je ne me souviens pas vraiment qu'il ait fait quelque chose d'utile. Ils voulaient juste pouvoir dire que notre affaire avait été réglée par la justice. Maintenant, ce serait différent. Mais, à l'époque, peu importait ce que l'on ressentait après un crime puisque de toute façon on ne pouvait rien y faire. Ce n'est pas qu'on acceptait la mort de notre père, on en souffrait, mais on ne s'en mêlait pas, on restait tranquilles puisque, de toute façon, rien ne serait fait. M. Johnson fut très bon pour nous à la mort de mon père. Il le connaissait depuis toujours et le père de mon père avait travaillé pour lui. Il vint à l'enterrement et nous acheta à tous des costumes pour cette occasion. Il me semble que c'étaient nos premiers costumes.

Ensuite, nous retournâmes à la ferme de M. Johnson. Ce n'était plus l'ancienne. M. Johnson en avait acheté une autre, plus moderne. Notre maison était aussi plus moderne. Certes, elle n'avait toujours pas de salle de bains à l'intérieur (nous avions un puits à l'extérieur), mais on avait la lumière électrique et c'était une petite maison agréable. Nous aimions cet endroit. Nous y avons vécu et travaillé jusqu'à ce que M. Johnson tombe malade et meure. Après ça, nous ne nous sommes pas entendus avec ses fils, les plus jeunes, car ils se sont mis à se battre pour la ferme et tout le reste. Alors nous sommes partis dans une autre ferme, chez les Dean.

De toute façon, nos rapports avec M. Johnson étaient différents depuis notre retour, car les temps avaient changé. Je veux dire qu'on ne se faisait pas beaucoup d'argent mais on s'en faisait quand même plus qu'avant, parce que nous, les gosses, nous étions alors un peu instruits. Ainsi, quand ma mère allait voir M. Johnson pour recevoir son argent, je notais ce qu'il notait. Ou bien par exemple, quand on avait besoin d'engrais ou de quelque chose de ce genre, j'allais avec lui le chercher. J'en notais le prix en même temps que lui. De cette façon, nous tenions à jour les mêmes comptes. Des années auparavant, on n'aurait pas pu faire ça, cela aurait été considéré comme une insulte.

Les petits boulots

Dès que je pouvais, je faisais des petits boulots pour avoir un peu d'argent en plus. Ça se faisait à l'époque. Quand l'un de mes amis travaillait quelque part, il disait souvent : « Tu sais ils paient vingt-cinq cents de plus ici, quinze de plus par là. » C'était pour nous une question de survie. On travaillait là où on pouvait avoir un peu plus d'argent pour s'acheter un pantalon ou autre chose. Ma mère faisait ce qu'elle pouvait mais il fallait s'y coller quand même. C'est tout ce qui comptait. Nous savions quoi faire avec notre petite monnaie, même la dépenser en totalité.

Une fois, j'ai travaillé sur un marché de tabac. J'y allais après l'école et la nuit pour aider à décharger les camions et je travaillais aussi à l'entrepôt.

Je me tenais dans une allée quand deux gars et un petit garçon arrivèrent par-derrière. Je ne les avais pas vus. Le petit garçon me toucha la jambe et dit : « Excusez-moi, je voudrais passer. » Je me poussai un peu. Le père arrêta net le petit garçon et lui demanda : « Qu'est-ce que tu lui as dit ? » Le petit garçon le regarda. Il ne comprenait pas ce qui se passait. Le père répéta : « Je t'ai demandé ce que tu lui as dit. » Le petit garçon répondit : « J'ai dit excusez-moi. » Alors son père le gifla et lui dit : « Ne refais jamais ça. Ne demande plus jamais pardon à un nègre. Botte-lui les fesses s'il est sur ton passage ! » Il ordonna au petit garçon de me frapper. Alors celui-ci me donna un coup de pied dans le tibia. En fait, il me frappa même deux fois. Il se remit en marche et se retourna pour me regarder avec ses yeux bleus. Il avait un regard triste, comme s'il s'en voulait. Aussi longtemps que je vivrai, je n'oublierai pas le regard de cet enfant.

Il y avait deux fontaines à eau dans ce marché. Une pour les Blancs, une pour les Noirs, comme pour les toilettes. Je me souviens de ce vieil homme noir qui ne savait pas lire. Il s'était trompé de fontaine. Il buvait de l'eau à la fontaine des Blancs quand un gars blanc le vit. Il sauta de son camion avec un bâton à tabac. C'était un bâton de bois d'environ deux mètres de long et de trois centimètres de diamètre qu'on utilisait pour suspendre le tabac. Il se mit à frapper le vieil homme qui était toujours en train de boire. Il le blessa à la tête et en brisa même son bâton à tabac. À ce moment-là, trois ou quatre gars rappliquèrent. Ils frappèrent à coups de pied le pauvre homme tant et si bien qu'il faillit en mourir. Tout ça, parce qu'il avait bu à la fontaine des Blancs.

Une autre fois, alors que je travaillais dans un restaurant de Fuquay, je n'avais pas le droit d'utiliser la porte de devant. On avait l'habitude d'attendre sur le parking qu'un gars nous ouvre la porte de derrière. Alors on pouvait entrer et commencer à travailler. Les employés blancs, eux, utilisaient la porte de devant. On ne pouvait pas travailler en salle. Nous devions rester dans les cuisines ou l'arrière-salle. Et même si on nettoyait les toilettes avant l'arrivée des clients, on n'avait pas intérêt à être pris en train de les utiliser, car alors on avait de sacrés ennuis. Après la fermeture et le départ de tous les clients, si on avait besoin d'apporter les ordures devant le restaurant, on y allait en courant. Mais c'était impossible lorsqu'on arrivait le matin.

*
* *

J'ai eu un petit boulot dans les faubourgs de Raleigh et je devais prendre le bus pour y aller. À l'époque, quand on prenait le bus, il fallait monter deux fois. On rentrait d'abord pour payer, mais on n'avait pas le droit de traverser la partie réservée aux Blancs. Alors il fallait redescendre et faire le tour pour remonter par la porte latérale. En fait, il y avait une ligne blanche au centre du bus qu'on ne pouvait pas traverser. Peu importait le nombre de personnes à l'arrière du bus, car même s'il n'y avait qu'un Blanc assis de l'autre côté de la ligne, on n'avait toujours pas le droit de la franchir.

Quand la partie réservée aux Blancs était bondée, les Blancs montaient quand même et traversaient la ligne. Alors, on restait debout. Avant de s'asseoir, certains Blancs sortaient un mouchoir, l'étalaient sur leur siège, pour ensuite s'asseoir dessus. Si beaucoup de Blancs continuaient à monter, jusqu'à remplir l'arrière du bus, le chauffeur s'arrêtait et faisait descendre les Noirs. Il ne nous rendait même pas notre argent. Il disait juste : « Toi, tu descends. Toi, toi, toi et toi, dehors ! » On descendait du bus et on devait se mettre à courir pour ne pas arriver en retard au boulot.

Je travaillais pour un Blanc qui buvait beaucoup de bière. Il s'occupait de transporter de la pâte de bois et avait besoin d'aide pour scier le bois et charger son camion. Un samedi après-midi, nous nous arrêtâmes devant un bar à bière. Il se gara à l'ombre d'un arbre, juste à côté de la route. Je ne pouvais pas l'accompagner, alors je l'attendis, assis dans le camion. J'attendais depuis un certain temps, quand, soudain, je vis des hommes et des femmes sortir du bar. Je me demandais ce qu'il se passait quand je vis qu'ils se dirigeaient vers le camion. Alors je compris qu'il allait y avoir un problème dont je serais la victime. Je restai assis, ne sachant que faire pendant un moment, puis je vis cet homme s'approcher du bâtiment avec deux énormes chiens.

Je ne savais toujours pas quoi faire et je m'imaginais vivre mon dernier instant, parce que je savais qu'ils allaient lancer ces chiens sur moi. Je verrouillai la portière. Quand ils arrivèrent au camion, le gars pour qui je travaillais me dit : « Ouvre cette portière, déverrouille-la. » Mais je ne bougeais pas. Alors, il sortit ses clés et ouvrit lui-même la porte. Je sautai hors du camion et, d'un bond, montai sur le toit. L'homme aux chiens me dit : « Très bien, petit, cours si tu veux vivre. Si tu arrives jusqu'à cet arbre et que tu grimpes, je rappelle mes chiens. » Je les vis sortir leur argent et faire des paris sur ma réussite ou mon échec. Vraiment, je ne savais pas quoi faire. J'imaginais ma mort prochaine. Quelle horrible façon de s'en aller ! Et eux qui n'arrêtaient pas de dire : « Allez, cours ! Cours, qu'on te dit ! »

L'homme lâcha ses deux chiens. Ils bondirent vers moi et l'un m'agrippa par le talon, essayant de me faire tomber du camion. Moi, je lui donnais des coups de pied. Je n'oublierai jamais ces instants. Je m'accrochais au camion, implorant leur pitié, criant, hurlant, suppliant l'homme de rappeler ses chiens. Je hurlais, je pleurais et implorais l'homme pour qui je travaillais de m'aider, de m'aider par pitié.

À ce moment-là, grâce à Dieu (je ne peux croire qu'à un miracle), deux hommes blancs arrivèrent en voiture et s'arrêtèrent dans un crissement de pneus. Ils bondirent hors de leur voiture. L'un d'eux avait un fusil de chasse et dit à l'homme aux chiens : « Si tu ne rappelles pas tes chiens, je les tue. » L'autre obéit. Dans le même temps, l'homme au fusil m'ordonna de décamper. Il me dit : « Va-t'en, cours ! » Je pris la fuite, courant avec une jambe ensanglantée. Je courais le long de la route, ne sachant où aller. Je me retournais sans arrêt, car je ne savais pas s'ils allaient me pourchasser ou tenter autre chose. Un gros tuyau d'écoulement longeait la route en contrebas. Je m'y jetai et m'y tapis, mort de peur. Je restai dans ce tuyau tout le reste de l'après-midi, et j'attendis la nuit pour en sortir car j'avais peur et j'ignorais s'ils me cherchaient encore. Voilà quelle était ma vie à cette époque. Je n'ai plus jamais retravaillé pour cet homme.

Les marches

En fait, ce qui s'est passé, c'est que nos écoles se sont améliorées dans les années cinquante. Nous avons appris que nous n'étions pas censés, au contraire de nos parents, vivre sans aucun égard. Nous avons appris que nous avions certains droits : la liberté de parole, la liberté de croyance. Nous avons appris ce qu'il fallait savoir de la Constitution des États-Unis. Nous avons appris que tous les hommes sont créés égaux. Nous avons compris que les choses devaient changer.

Je me souviens que, quand j'étais au lycée, des gens commençaient à venir à la sortie des écoles, pour inciter les lycéens à participer aux marches. Ils voulaient manifester à Raleigh et venaient nous en parler. Personne ne nous forçait mais ils nous expliquaient comment on pouvait agir et ce que, eux, ils comptaient faire. Alors, c'était à nous de décider. Ils n'avaient pas vraiment besoin de nous convaincre. Nous étions prêts à agir.

Bien sûr, on s'imaginait que ce serait un peu violent mais en fait ç'a été beaucoup plus dur que ça. Nos parents nous disaient: «Nous ne comprenons pas. Vous ne voyez pas qu'on vous tuera pour avoir écouté ces gens? Vous serez tabassés. Qu'est-ce qui vous prend?» Alors, on leur répondait: «Les Noirs se font tabasser de toute façon. Les Noirs se font tuer de toute façon. Alors je préfère me faire tabasser pour avoir essayé de changer les choses. Vous comprenez, pourquoi se faire tabasser pour rien?» C'est ce qu'on avait l'habitude de leur répondre.

Martin Luther King vint à Raleigh. Il se déplaçait dans les capitales des États car c'est là que se trouvaient les gouverneurs, les maires, en un mot le pouvoir. Je me souviens qu'il envoyait des délégués dans les lycées. Ils sont aussi venus à l'université noire de Raleigh, l'université Shaw. Ces gens venaient nous voir car ça ne leur servait à rien de s'adresser à nos parents, qui ne pouvaient pas participer au mouvement. La première raison était qu'ils vivaient dans des fermes desquelles ils auraient été mis dehors si le patron blanc avait appris leur participation à ce type de mouvement. Et ils n'auraient pu retrouver de travail nulle part. La seconde raison était la menace que représentaient les hommes du Klan. Voilà pourquoi les lycéens et les étudiants étaient les seuls avec qui ils pouvaient discuter.

Plus tard, lorsque j'ai été un peu plus âgé, nous avions l'habitude de nous réunir à Raleigh le matin pour les marches. On se donnait rendez-vous devant l'hôtel de ville. Quand nous arrivions, les hommes du Klan étaient déjà là à nous attendre. Ils marchaient devant nous. Ils portaient leurs pancartes proclamant la suprématie des Blancs et tout le reste. La police les escortait. On ne comprenait pas pourquoi ils étaient escortés car personne n'aurait eu l'idée de les embêter.

Avant chaque marche, on se procurait des chambres à air en caoutchouc qu'on découpait. Après avoir enlevé nos vêtements, on se les nouait autour du corps et autour des bras. Ensuite, on remettait nos pantalons habituels et par-dessus une grosse combinaison, enfin quelque chose de bien large. On se faisait aussi des bonnets à partir de ces bas de coton que portent les femmes. On utilisait du coton et des journaux qu'on repliait et qu'on mettait sur notre tête, puis on enfilait notre bonnet. Les chambres à air nous protégeaient des attaques éventuelles de chiens. Le papier et le coton nous protégeaient des coups.

Quand c'était à nous d'avancer, les hommes du Klan et les citoyens blancs restaient sur le côté. Nous nous tenions tous serrés, bras dessus, bras dessous, et nous débutions la marche. Alors les gens commençaient à nous jeter des trucs. Souvent, ils avaient même des excréments humains dans des sacs en papier. Ils nous pourchassaient pour nous jeter des œufs pourris au visage. Ils essayaient aussi de nous asperger avec des bouteilles de lait dans lesquelles ils avaient uriné. Mais nous continuions à marcher. Nous étions déterminés et nous n'avions rien à perdre. La non-violence prônée par Martin Luther King était une bonne chose car si les deux parties s'étaient battues avec des armes ou des choses comme ça, c'eût été le chaos. Aujourd'hui encore, je pense que la non-violence était la seule solution.

C'était une sensation étrange et terrible que de ne pas savoir si on serait encore en vie dans une heure. En effet, la rumeur courait que certains hommes du Klan étaient armés et qu'ils lanceraient de la dynamite dans la foule. Les policiers se tenaient épaule contre épaule. Ils ne nous laisseraient pas passer. Alors nous avons essayé de forcer le barrage. Ils avaient des chiens et à cause d'eux on se mettait à courir. L'important était de ne pas trébucher. Si ça nous arrivait, on pouvait se faire sacrément mordre ou déchiqueter par un des chiens. Il fallait à tout prix tenir sur ses jambes.

Parfois des gars de la police nous frappaient mais ça ne faisait pas aussi mal. Certains fendaient la foule en criant : « Courez ! Courez ! » Ceux-là étaient de bons policiers.

Après avoir passé le barrage de police, on se trouvait face aux pompiers et à leurs lances à eau. Et, croyez-moi, cette eau-là pouvait vous arracher la peau en moins de deux. Il y avait de l'eau partout dans la rue. Alors on se repliait en boule, les bras serrés autour des jambes et on se laissait pousser par l'eau là où elle nous portait. On n'essayait pas de lutter.

Ensuite on se mettait à courir dans la rue car la police, les chiens et les hommes du Klan, enfin tout le monde nous pourchassait. Je me souviens qu'il y avait là des boutiques tenues par des Grecs et des Juifs. Ils étaient sur le pas de leurs portes et nous faisaient signe d'entrer dans leurs magasins. Nous descendions alors en courant dans les sous-sols, pour nous cacher.

Parfois, des gens nous attendaient dans leurs voitures au bout de la rue Fayetteville. Il y avait des Noirs mais aussi des Blancs dans ces voitures. On courait pour sauter dans l'une d'entre elles, qui alors démarrait et nous emmenait hors de la ville.

Il y avait un quartier noir à Raleigh. On pourrait penser que les gens nous auraient aidés si nous étions arrivés jusqu'à eux. Et alors nous aurions été en sécurité. Mais ils nous attendaient avec des pelles, des pics à glace, enfin n'importe quoi qui puisse les aider à nous empêcher d'entrer. Ils disaient qu'on était des perturbateurs. Ils nous détestaient. Ces gens travaillaient à Raleigh et, à cause des manifestations, ils ne pouvaient pas aller travailler. Alors ils perdaient leur emploi. C'était la principale raison pour laquelle ils nous détestaient.

Mais on continuait à marcher comme si c'était la seule chose à faire. Parce qu'une fois qu'on avait commencé, il était impossible de revenir en arrière. Notre objectif était d'atteindre un fourgon nommé le « Black Marie ». Un « Black Marie » était de couleur noire et la légende dit qu'il a été appelé ainsi à cause d'une grosse bonne femme qui se saoulait le samedi. On disait qu'il avait fallu quatre ou cinq policiers pour la faire entrer dans un de ces fourgons. Voilà pourquoi on les avait surnommés « Black Marie ». Quoi qu'il en soit, c'était là-dedans qu'on vous conduisait en prison. On essayait de se faire coffrer parce que alors on nous gardait toute la nuit et ainsi on était en sécurité. En prison, il y avait des haut-parleurs qui nous expliquaient que Martin Luther King était un communiste, qu'il travaillait pour les Allemands et qu'il allait briser la paix entre les Blancs et les Noirs. Quand les hommes du Klan parlaient de lui, nous nous mettions à chanter les vieux hymnes de nos ancêtres et des trucs comme ça. Je me souviens qu'ils s'approchaient de nous avec des lances à incendie et qu'ils les actionnaient pour que nous arrêtions de chanter. On se réfugiait derrière des matelas.

Malgré tout, nous avons persévéré. Un jour, nous sommes allés jusqu'à cette grande maison, dans laquelle le maire vivait, pour manifester. Ça faisait déjà un certain temps qu'on militait. Je me souviens que, quand nous sommes arrivés, le maire se tenait sur les marches, entouré de policiers. On s'est dit : « Voilà, on y est. Quelqu'un va se faire tuer, c'est sûr, avec tous ces policiers. » Mais le maire déclara qu'à partir de ce jour, les manifestations seraient protégées. Si quiconque était pris en train de maltraiter un manifestant, de jeter des pierres ou quoi que ce soit, il serait arrêté. On n'en croyait pas nos oreilles, à la fin de son discours, nous avons applaudi, on s'est mis à crier et on a continué notre défilé. Les Blancs et les hommes du Klan n'arrivaient pas à croire ce qui se passait. Ils voulaient faire comme d'habitude, mais ils furent arrêtés, menottés et jetés en prison. Nous étions ébahis. Nous pensions vivre un rêve. Jamais on n'aurait cru que cela pouvait arriver : un Blanc arrêté pour nous avoir maltraités. On n'osait pas y croire et, pourtant, on l'avait vu de nos propres yeux. Ce fut le jour le plus joyeux de ma vie.

Nos amis et nos proches nous disaient : « Que faites-vous ? À quoi ça sert tout ça ? Jamais vous n'entrerez dans un magasin par la porte de devant. Jamais vous n'habiterez une belle maison dans un quartier blanc. Ces choses-là n'arriveront pas. »

Mais ni nos amis ni nos proches, et encore moins les Blancs, ne comprenaient ce que nous ressentions, ce que nous éprouvions face à notre situation, à savoir qu'on se fichait bien de qui était assis à côté de nous. Ça nous était égal de savoir qui était notre voisin. Le plus important pour nous n'était pas d'entrer par la grande porte. Ce qui nous importait c'était de pouvoir demander aux Blancs : « Qui êtes-vous pour nous dire ce que nous pouvons faire ou non, en Amérique, la terre de la liberté, de la démocratie ? » Nous étions prêts à nous battre pour cela. C'était aussi simple que ça.

Postface

J'ai travaillé partout où l'on peut travailler pour gagner un peu d'argent. J'ai trouvé un seul travail correct et durable, ici à Baltimore. J'ai été gardien à l'école du Parc pendant près de trente ans. Les autres boulots, c'étaient des trucs d'un jour, par-ci, par-là. Je me suis marié en Caroline du Nord, mais ensuite nous avons divorcé, ma femme et moi. Nous avons eu une fille qui vit toujours à Raleigh où elle est infirmière, elle aide les gens. Je me suis remarié, et puis séparé de nouveau, mais j'ai eu deux fils avec cette femme. Mon plus jeune fils est à l'université, et l'aîné est retourné dans le Sud.

J'ai eu l'honneur de recevoir un annuaire à mon nom, avec une page entière de dédicace spéciale. C'est l'école du Parc où je travaille qui a fait ça, et il y a eu une grande réunion.

L'un de mes frères travaille aussi à l'école, et le conseil d'administration de l'école du Parc a créé une fondation à notre nom, en hommage pour toutes les années que nous avons données à l'école. La bourse que décerne la fondation aide les enfants de Baltimore, quelle que soit leur couleur.

L'école a organisé une grande fête pour mon frère et moi. À cette occasion, nous avons eu la surprise d'apprendre que notre bourse faisait l'objet d'un décret officiel de la chambre du Maryland.

Maintenant le certificat est affiché au mur de l'église où notre mère est diaconesse. Elle a été la première diaconesse de cette paroisse.

Ils ont un coin réservé aux parents et aux enfants, on y accroche les photos des enfants qui ont fait quelque chose de spécialement bien. Ils font ça pour donner l'exemple, pour essayer d'aider les jeunes, pour les aider à voir les trucs positifs que certains jeunes de chez nous peuvent faire. Des jeunes qui sont nés dans le quartier. Mon frère et moi, nous sommes très fiers de tout cela.

Une dernière remarque à propos de ce livre

Il y a plus de quatre ans, quand ma fille cadette avait douze ans, elle a entendu Léon Tillage parler devant une assemblée d'élèves de l'école du Parc de Baltimore, comme il le faisait chaque année. Elle est rentrée à la maison et m'a raconté.

« Léon est né dans le Sud, il nous a raconté son enfance. C'était horrible ! »

Nous avons discuté pendant deux heures, cet après-midi-là, de ce que Léon Tillage avait dit.

Et bien avant qu'elle ait terminé de me

raconter cette histoire, j'ai senti qu'il n'était pas juste qu'elle soit réservée aux élèves de cinquième de l'école du Parc. Il me semblait que le monde entier devait entendre la voix de Léon Tillage.

J'ai pris rendez-vous avec Léon. Je lui ai dit combien son histoire nous avait bouleversées, ma fille et moi, et je lui ai proposé d'essayer de la raconter à un public plus large, sous la forme d'un livre. Je lui ai demandé s'il serait d'accord pour que je l'aide, et il a accepté.

Quelques jours plus tard, Léon a enregistré son histoire pour moi. Le texte du livre a été retranscrit à partir de cette bande originale et de deux autres enregistrements qui ont été réalisés ensuite pour préciser certaines choses. Nous avons vraiment essayé d'être fidèles à la voix de Léon, respectueux de ses mots. Le travail éditorial a été fait avec lui et avec son approbation. Nous avons, autant que faire se peut, limité les changements nécessaires au passage de l'oral à l'écrit.

Pour préparer les collages destinés à illustrer ce livre, j'ai lu énormément de romans et de livres documentaires sur le Sud des années trente, quarante et cinquante.

Léon et moi avons aussi fait un pèlerinage jusqu'à sa vieille maison de Caroline du Nord. J'ai vu tous les endroits dont il parle dans le livre. Beaucoup d'immeubles n'existent plus, mais j'ai foulé le sol où ils s'élevaient. La maison sur les terres de M. Johnson a disparu mais Léon a pu me montrer ses fondations et des traces de la cheminée existent toujours. L'école de Providence n'existe plus mais j'ai vu un vieux fourneau ventru chez le frère de Léon. Ils m'ont montré où étaient les bois de leur enfance. J'ai été accueillie chaleureusement par toute la famille, et je les ai écoutés raconter leurs souvenirs, j'ai regardé les photos de leurs albums, j'en ai emporté avec moi.

Finalement, j'ai eu l'impression que des tableaux ou des photos écraseraient les mots de Léon Walter Tillage, et j'ai choisi des formes, des silhouettes pour accompagner le texte. Les collages sont réalisés avec un papier noir mûrier très doux, sur un fond blanc rigide.

Ce qui m'a le plus étonnée avec Léon, c'est son optimisme irréductible.

Quand je lui ai demandé comment il avait pu le conserver aussi intact, il m'a parlé de ses parents, de l'éducation religieuse stricte qu'il a reçue. Il m'a parlé de la sévérité de ses parents, mais aussi de leur amour inconditionnel et constant, de leur force, de leur soutien. Il m'a parlé du combat de sa mère, un combat difficile mais couronné de succès, pour garder ensemble, sous le même toit, tous ses enfants après la mort de son mari.

« Mais, Léon, lui ai-je souvent demandé, vous n'éprouvez aucun ressentiment. Comment est-ce possible ? »

Léon sourit, dans ces cas-là. « À quoi cela servirait ? Je sais très bien qu'il y a eu de sales moments. Mais il y a eu des moments de bonheur, aussi. »

Léon a vécu tous les grands bouleversements de la vie des Africains-Américains. Lui-même, en participant aux marches, par exemple, il a contribué à ces changements. Ce simple fait peut expliquer en partie sa vision optimiste des choses.

En racontant ici son histoire, Léon Tillage persévère dans sa méthode de protestation pacifique, il participe à l'éducation des gens.

Chacun de nous a besoin de savoir et de se souvenir.

Chacun de nous a besoin d'aider le monde à changer.

Susan L. Roth

Table